BEI GRIN MACHT SICH IHR WISSEN BEZAHLT

AF153299

- Wir veröffentlichen Ihre Hausarbeit,
  Bachelor- und Masterarbeit

- Ihr eigenes eBook und Buch -
  weltweit in allen wichtigen Shops

- Verdienen Sie an jedem Verkauf

Jetzt bei www.GRIN.com hochladen und kostenlos publizieren

Strategische Unternehmungsführung. Am Fallbeispiel Bodo Müller

Bibliografische Information der Deutschen Nationalbibliothek:

Die Deutsche Nationalbibliothek verzeichnet diese Publikation in der Deutschen Nationalbibliografie; detaillierte bibliografische Daten sind im Internet über http://dnb.d-nb.de abrufbar.

ISBN: 9783346686718
Dieses Buch ist auch als E-Book erhältlich.

Druck und Bindung: Books on Demand GmbH, Norderstedt Germany
Gedruckt auf säurefreiem Papier aus verantwortungsvollen Quellen

Das vorliegende Werk wurde sorgfältig erarbeitet. Dennoch übernehmen Autoren und Verlag für die Richtigkeit von Angaben, Hinweisen, Links und Ratschlägen sowie eventuelle Druckfehler keine Haftung.

Das Buch bei GRIN: https://www.grin.com/document/1251374

Deutsche Hochschule für
Prävention und Gesundheitsmanagement
Hermann-Neuberger-Sportschule 3
66123 Saarbrücken

Hausarbeit

Studiengang	Prävention und Gesundheitsmanagement
Studienmodul	Strategische Unternehmensführung
Datum Präsenzphase (siehe Ergebnisdokumentation)	06.12.2021 – 08.12.2021
Aufgabe	1) **Bodo Müllers Plan** 2) **Change Management** 3) **Strategieimplementierung** 4) **Balanced Scorecard** 5) **Unternehmensethik**

Inhaltsverzeichnis

1   Bodo Müllers Plan

Bodo Müller ist der Marketingdirektor der Abteilung Vertrieb bei der Gesundheits- und Medizintechnik AG in Deutschland. Die folgende Arbeit umfasst verschiedenste Punkte von Herrn Müllers Plan das Unternehmen voranzubringen (Deutsche Hochschule für Prävention und Gesundheitsmanagement, 2021, S. 1 ff.).

1.1   Gründe für Wandel

Herr Müller weist eine Vielzahl von Gründen auf, um einen Wandel in der Gesundheits- und Medizintechnik AG voranzutreiben. Im Folgenden werden drei Gründe aus dem Fallbespiel genauer erläutert.

1. Die in Deutschland herrschende niedrige staatliche Finanzierung der Krankenhäuser hat zur Folge, dass das Kaufverhalten stagniert. Mögliche Gesundheitsreformen führen auch in Zukunft zu einer starken Zurückhaltung bei Investitionen. Deswegen werden die bereits vorhandenen Geräte instandgehalten, anstatt in neue moderne Geräte zu investieren.

2. Des Weiteren haben sich die Entscheidungskräfte und das Kaufverhalten bei neuen Anschaffungen von medizinischen Geräten verlagert. Während früher die Krankenhausärzte entschieden haben, welche Geräte von welchem Hersteller bezogen wurden, übernimmt diese Aufgabe heutzutage die Krankenhausadministration und die Abteilung für Einkäufe. Die Entscheidungen werden dabei eher aus ökonomischen Gründen getroffen.

3.Der Markt und die Krankenhausärzte haben die Gesundheits- und Medizintechnik AG als technologie- und ingenieurorientiert wahrgenommen, was bei der damaligen Entscheidungsfindung ein klarer Vorteil war. Allerdings muss die AG durch die neuen Entscheidungskräfte aufzeigen, dass sie eine ganzheitliche Lösung liefern können, die die allgemeine Effizienz im Krankenhaus verbessern wird.

1.2 Aspekte des Strategiewandels

Der wichtigste Aspekt des Strategiewandels sieht Herr Müller in der neuen Marketingstrategie. Er möchte das Marketing und den Verkauf an die Bedürfnisse und Herausforderungen der „C-Levels" anpassen und nicht wie bisher an die Krankenhausärzte. Die genannten „C-Levels" umfassen die Geschäftsführung, den CEO (Chief Executive Officer, den CCO (Chief Compliance Officer) und den CFO (Chief Financial Officer). Aus diesem Grund möchte Herr Müller Krankenhäusern und Praxen ganzheitliche Konzepte und Lösungen anbieten, um deren Effizient zu verbessern. Dieses Vorhaben präsentierte er im vierteljährlichen Treffer des Marketing-Boards. Bei diesem Treffen sind alle Marketing Vizepräsidenten der einzelnen Abteilungen vertreten, es wird über allgemeine geschäftsübergreifende Themen diskutiert. Herr Müller legt bei seiner Präsentation seine Informationen und Fakten deutlich dar und erklärte seine genaue Vorstellung des „C-Level" Marketings und die damit einhergehenden Herausforderungen. Herr Müller machte deutlich, dass eine Umstrukturierung der Matrixorganisation im Unternehmen wichtig ist, da beim „C-Level" Marketing alle sieben Unternehmenseinheiten zusammenarbeiten müssen und dem entsprechend auch ein Teil des eigenen Marketingbudgets abgeben sollen. Durch die allgemeine Zustimmung der Vizepräsidenten rief Herr Müller eine Arbeitsgruppe ins Leben und versendete Einladungen zu einem Kick-Off Meeting.

1.3 Barrieren und Widerstände

Mit seinem Strategiewandel wollte Herr Müller große Veränderungen im Unternehmen hervorrufen. Dafür ist neben der Bereitschaft für die Veränderungen vor allen Dingen die Akzeptanz der Strategie von Nöten. Im Folgenden werden mögliche Barrieren und Widerstände aufgezeigt.

Unternehmenskultur Barriere:
Jeder Mitarbeiter der Gesundheits- und Technik AG leistet täglich seinen Beitrag für den Erfolg des Unternehmens. Damit dies gewährleistet ist, ist es wichtig, dass sich die Mitarbeiter mit den Unternehmen identifizieren. Es ist möglich, dass sich die Mitarbeiter mit der Strategie von Herrn Müller nicht identifizieren können und den Wandel dem entsprechend nicht annehmen, indem sie zum Beispiel in alten Denk- und Handlungsmuster verfallen. Dadurch ist eine Verzögerung der Strategieimplementierung möglich.

Menschliche Barriere:

Herrn Müller fehlten für die Strategieimplementierung die nötigen Emotionen, sowohl sein Handeln als auch sein Vorhaben hat er rein rational präsentiert. Mit selbst erstellten Zahlen belegte er die Situation auf dem deutschen Markt, sagte was für Veränderungen notwendig sind und degradierte die Marketing Vizepräsidenten. Durch seine Aussage, dass das Marketing der Produktgruppen zusammengelegt werden sollen, kam möglicherweise die Angst hoch das Mitarbeiter ihren Arbeitsplatz verlieren, da die Zusammenlegung nach Personaleinsparungen im Marketingbereich klingt.

Ressourcen Barriere:

Für den Wandel der Marketingstrategie benötigt Herr Müller mehr Budget, welches er von den Marketing Vizepräsidenten der einzelnen Produktgruppen beziehen möchte. Für diese Personen hat das „C-Level" Marketing aber keinen hohen Stellenwert, da sie ihr Budget bereits für andere Vorhaben eingeplant haben.

Management Barriere:

Durch die geplante neue Strategie von Herrn Müller, dass geschäftsübergreifend gearbeitet werden soll, ist ein ganz neues Managementsystem in der Gesundheits- und Medizintechnik AG von Nöten. Für diese große Umstrukturierung hätte Herr Müller den direkten Weg zur Geschäftsführung suchen und diese in seinen Plan der neuen Strategie mit einbeziehen müssen. Die Geschäftsführung hätte Herrn Müller bei der Kommunikation und Präsentation des Vorhabens beim Treffen der Marketing-Boards unterstützt, wenn sie hinter seiner Idee stünden.

2 Change Management

Change Management beschäftigt sich mit einer optimalen Ausgestaltung des Weges von einem Ausgangspunkt hin zum Ziel. Die Aufgaben des Change Management richten sich nach innen, an die Mitarbeiter der zu wandelnden Organisation (Lauer, 2019, S. 2-3).

2.1 Gründe für Scheitern

Im Folgenden werden am Beispiel des 8 Stufen-Modell nach Kotter vier Gründe für das Scheitern von Herrn Müllers Wandel aufgeführt und begründet.

Stufe 1: Dringlichkeit aufzeigen

Die Dringlichkeit aufzuzeigen, dass ein Wandel im Marketing aufgrund der veränderten Kaufentscheidungen von Nöten ist, bringt Herr Müller nicht rüber. Er wartet mit seiner Idee bis zum vierteljährlichen Treffen, handelt nicht bei der geringen Teilnehmerzahl des Kick-Off Meeting, stellt keine Chancen für das Unternehmen dar und überbringt bei all seinen Erzählungen keine Emotionen rüber, um die Mitarbeiter für den Wandel zu begeistern.

Stufe 2: Führungskoalition aufbauen

Herr Müller versuchte eine neue Arbeitsgruppe, die aus Personen der verschiedenen Unternehmensbereiche bestehen sollte, zu gründen. Er versandt Einladungen zu einer Kick-Off Veranstaltung und erhielt bereits dort nur wenige Zusagen und viele Entschuldigungen. Tatsächlich kamen zu dieser Veranstaltung noch weniger Mitarbeiter, als die die zugesagt hatten und die wenigen anwesenden Mitarbeiter konnte er nicht überzeugen.

Stufe 3: Vision und Strategie entwickeln

Die Vision von Herrn Müller etwas zu ändern hatte keine ausführlich ausgearbeitete Strategie, daher war es für ihn nicht möglich die Vizepräsidenten zu überzeugen. Herr Müller hätte zusammen mit den Mitarbeitern eine gemeinsame Vision erarbeiten müssen, damit jeder beteiligte eine emotionale Bindung zu diesem Projekt hat.

Stufe 6: Schnelle Erfolge erzielen

Herr Müller hat nach dem Treffen des Marketing-Boards eine neue Arbeitsgruppe zusammengestellt, die geringe Teilnahme am Kick-Off Meeting deutet bereits auf die kommenden Ergebnisse der Arbeitsgruppe hin. Im nächsten Treffen des Marketing-Boards kann Herr Müller keine Ergebnisse der Arbeitsgruppe präsentieren, sondern bringt erneut seine Argumente für den Wandel ein. Das bedeutet, dass die Arbeitsgruppe in den drei Monaten zwischen den Treffen keine Ergebnisse und damit auch keine Erfolge erzielen konnte.

2.2 Veränderungen meistern

Nachfolgend wird anhand des von Kotter weiterentwickelten 8-Beschleuniger Modell aufgezeigt, wie der Wandel von Herrn Müller umgesetzt hätte werden sollen.

Stufe 1: Ein Gefühl der Dringlichkeit wecken

Um die Dringlichkeit des Strategiewandels zu verdeutlichen, hätte Herr Müller den Weg zu der Geschäftsführung suchen sollen. Er hätte die Geschäftsführung von seiner Idee zum Wandel überzeugen und ein gesondertes Treffen einberufen müssen. Der Fokus bei dem vierteljährlichen Treffen lag wahrscheinlich auf anderen Themen, so dass die Aufmerksamkeit der einzelnen Teilnehmer eher weniger vorhanden war. Des Weiteren zeigt er nur seine aktuellen Vorstellungen und Herausforderungen auf und geht nicht auf die Chancen des Unternehmens. Dadurch erreicht er die Teilnehmer nur auf einer rein sachlichen Ebene und nicht auf einer emotionalen Ebene, die mehr Aufmerksamkeit und Motivation geschenkt hätte.

Stufe 2: Aufbau und Pflege einer lenkenden Koalition

Bereits vor dem vierteljährlichen Treffen hätte Herr Müller ein starkes Team an seiner Seite haben müssen, welches hinter seiner Idee und seinen Strategien steckt. Da dies allerdings nicht der Fall war, erhoffte er sich nach dem vierteljährlichen Treffen ein solches nötiges Team aufzubauen. Herr Müller gründete zwar eine Arbeitsgruppe und rief auch zu einem Kick-Off Meeting auf, allerdings war die Teilnahme sehr gering. Außerdem wäre es für die Arbeitsgruppe wichtig gewesen Personen aus verschiedenen Hierarchieebenen mit diversen Kompetenzen mit einzubeziehen und nicht nur Vertreter der einzelnen Unternehmenseinheiten.

Stufe 3: Formulierung einer strategischen Vision und Entwicklung von Change-Initiativen

Beim Treffen des Marketing-Boards präsentierte Herr Müller lediglich sachliche Fakten und Zahlen über seine Vorstellungen, Herausforderungen und bestehende Mängel des Unternehmens. Statt dieser Präsentation hätte er eine strategische Vision präsentieren müssen, die mit der Unternehmensvision verknüpft ist. Eine klar formulierte Vision und Struktur hätte bei allen Teilnehmern für Motivation, Sicherheit und Organisation geführt.

Stufe 4: Kommunikation der Vision und der Strategie, um Unterstützung und Freiwillige zu gewinnen

Die Vision die Herr Müller hatte, hätte er bereits vor dem vierteljährlichen Treffen mit der obersten Geschäftsebene kommunizieren müssen. Nur durch dieses Gespräch hätte Herr Müller während seiner Präsentation Unterstützung von einem motivierten und überzeugten Vorstand erwarten können. Durch das direkte Feedback vom Vorstand wären die

Vizepräsidenten vom Strategiewandel überzeugter und hätten die Motivation mit in ihre Bereiche und Teams nehmen können, die sich dann eher zur Arbeitsgruppe anschließen würden.

Stufe 5: Beseitigung von Hindernissen, um rasches Vorankommen zu ermöglichen
Der Grund für das Scheitern von Herrn Müller war unter anderen, dass er die Teilnehmer nicht genügend über seine Strategie aufgeklärt hat und sie sich dadurch nicht genug mit dem Wandel identifizieren konnten. Wäre der Strategiewandel von der obersten Geschäftsebene unterstützt wurden, sowohl mit Arbeit als auch mit Budget, wären die Vizepräsidenten eher bereits gewesen ein Teil ihres Marketingbudgets zu geben und das Projekt zu unterstützen. Außerdem hätte Herr Müller bereits bei seiner Präsentation nach Kritikpunkten fragen müssen, um bereits an den Hindernissen die ganz am Anfang der Arbeit schon vorhanden sind zu arbeiten und sie damit zu beseitigen.

Stufe 6: Zelebrieren von schnellen, bedeutenden Erfolgen
Drei Monate hatte die Arbeitsgruppe von Herrn Müller Zeit Ergebnisse und Erfolge zu erzielen. Die Zeit zwischen den Treffen war allerdings zu groß, um die Motivation der Mitarbeiter aufrecht zu halten und Ergebnisse zu erzielen. Mögliche Erfolge hätten direkter mit dem Unternehmen und den Vizepräsidenten kommuniziert werden müssen um sowohl die Motivation der bereits vorhandenen Arbeitsgruppe, aber auch von Interessenten im Unternehmen aufrecht zu erhalten und möglicherweise neue Mitarbeiter für das Projekt zu generieren.

Stufe 7: Nicht nachlassen, stets weiter lernen und nicht zu früh den Sieg ausrufen
Nach den ersten positiven Reaktionen hätte Herr Müller seine Ideen weiter entwickeln und kommunizieren sollen, um die Vizepräsidenten von dem Wandel zu überzeugen. Zusätzlich hätte er die Arbeitsgruppe mit kleinen Teilzielen motivieren müssen um nicht bei der nächsten Präsentation ohne Ergebnisse und damit ohne Erfolge dastehen zu müssen.

Stufe 8: Institutionalisierung des strategischen Wandels in der Unternehmenskultur
Die Integration der neuen Strategie in das Unternehmen und die damit verbundene Kultur ist zwingend notwendig, damit der Wandel in die tägliche Arbeit übertragen wird. Um eine vollständige Integration zu schaffen, müsste für Projekt ein festes Konzept stehen, welches für alle beteiligten Einheiten gelten würde und damit in den Alltag übernommen werden muss.

3 Strategieimplementierung

Nach der Überzeugung der Marketing Vizepräsidenten und dem CEO der Gesundheits-
und Technik AG folgt nun die Implementierung der Strategie in das Unternehmen. Hierfür wird zuerst die Durchsetzungsphase anhand von drei Maßnahmen beschrieben und
anschließend die Umsetzungsphase an drei Maßnahmen genauer beleuchtet.

3.1 Durchsetzung

1.Vermittlung der Strategie
In diesem ersten Schritt der Durchsetzung ist die Verinnerlichung der Strategie an obers-
ter Stelle. Jeder Mitarbeiter muss die Strategie kennen, verstehen und seine tägliche Arbeit so durchführen, dass der Erfolg der neuen Strategie im Unternehmen gesichert ist.
Um dieses Szenario zu verwirklichen, sollte Herr Müller ein emotionales Bild des Zieles
erschaffen, welches eine Geschichte erzählt, die für jeden Mitarbeiter sowohl Sinn hat als
auch zu greifen ist. Diese Geschichte oder zumindest Teilstücke davon sollte er bei jeder
Präsentation der Strategie aufführen und jeden Mitarbeiter persönlich involvieren.

2. Einweisung und Schulung
Der zweite Schritt der Durchsetzung erfordert ein hohes Maß an Lernbereitschaft. Durch
das Involvieren von verschiedensten Mitarbeitern besteht bei der Gesundheits- und Technik AG ein hoher Lern- und Fortbildungsbedarf, um alle Mitarbeiter auf ein gleiches Le-
vel zu bringen. Die gewählte Differenzierungsstrategie erfordert neben dem genannten
Wissen jedes Mitarbeiters auch Innovationen. Das C-Level Marketing soll für die Abnehmer als einzigartig und besonders angesehen werden. Hierfür ist die Motivation, aber
auch die Kreativität jeden einzelnen Mitarbeiters in der Arbeitsgruppe entscheidend.

3. Schaffung eines strategiebezogenen Konsenses
Der dritte Schritt der Durchsetzung befasst sich mit der Schaffung neuen Konsens. Durch
das Zusammenlegen von finanziellen und personellen Ressourcen können Spannungen
und Konflikte in den einzelnen Bereichen entstehen. Um diesen entgegenzuwirken ist
eine kläre Kommunikation aller Beteiligten der Gesundheits- und Technik AG notwendig. Es müssen alle Ziele und Wege dorthin berücksichtigt werden und alle Parteien müssen kompromissbereit sein. Zusätzlich ist eine klare und deutliche Kommunikation mit
den Mitarbeitern notwendig, da für sie zum Beispiel jetzt eine andere Führungsperson

Ansprechpartner ist oder die neuen Aufgaben von den früheren Aufgaben weit entfernt liegen.

3.2 Umsetzung

1. Transformation

Im ersten Schritt der Umsetzung ist das klare Formulieren von smarten Zielen, Kosten- und Ressourcenschätzungen, festlegen von Verantwortlichkeiten und Anfangs- und Endzeitpunkten. Hierfür ist es wichtig, dass die Aktionspläne der einzelnen Abteilungen zusammengeführt werden und ein gemeinsamer für alle erkennbarer Plan erstellt wird. Jeder beteiligt muss zu jedem Zeitpunkt wissen was die Prioritäten und aktuellen Fristen sind, bei welchen Schritt sich das Vorhaben gerade befindet und was als nächstes kommt. Wichtig bei der Planung ist die Verantwortung gleichmäßig zu verteilen, genügen Zeit einzuplanen und einen klaren Fahrplan zu entwerfen. Um von Anfang an eine klare einheitliche Linie zu fahren, sollte die Gesundheits- und Technik AG den fertigen ausgearbeitet Plan allen Beteiligten präsentieren. Bei dieser Präsentation können auch direkt wichtige Fragen und mögliche Kritikpunkte geklärt werden.

2. Anpassung

Der zweite Schritt der Umsetzung umfasst die Anpassungen der Unternehmenspotentiale. Die Gesundheits- und Technik AG sollte vorhandenen Kultur mit der Kultur, die die Strategie fordert, abstimmen. Hierbei ist wichtig zu wissen, dass die aktuelle Unternehmenskultur ein sehr großes Ansehen bei den Mitarbeitern hat und die Mitarbeiter dadurch dem Unternehmen, ihrer Arbeit und den Ideen viel Vertrauen schenken. Dennoch kann eine Anpassung der Kultur mit Widerständen begleitet werden, darauf sollten sich die Geschäftsführung und die Führungskräfte vorbereiten.

3. Motivierung und Mobilisierung

Der dritte Schritt der Umsetzung befasst sich mit der dauerhaften Motivation und Mobilisierung der Mitarbeiter. Bei jedem Projekt gibt es verschiedene Phasen und dem entsprechend auch verschiedenen Motivationspunkte, die Gesundheits- und Technik AG sollte diese Tief- und Hochpunkte mit einplanen und berücksichtigen. Außerdem müssen mögliche Rückschläge oder unbefriedigende Arbeitsleistungen bedacht werden.
Um die Motivation der Mitarbeiter möglichst hochzuhalten, sollten sie in die Prozesse und Entscheidungen involviert werden und regelmäßig Informationen über den aktuellen

Stand erhalten. Die Weiterentwicklung der Mitarbeiter sollte für die Führungskräfte essenziell wichtig sein, daher sollte es Möglichkeiten für Feedbackgespräche geben.

4 Balanced Scorecard

Die Balanced Scorecard ist ein Instrument der strategischen Steuerung. Laut Schmutte (2017) identifiziert sie die erfolgskritischen Geschäftsreiber, verbindet die Strategie der Ursachen-Wirkungskette mit der operativen Ebene und übersetzt die Ergebnisse in Kennzahlen, die eine strategische Geschäftssteuerung ermöglichen.

4.1 Ursache-Wirkungskette

Die Marketingstrategie die Herr Müller erfolgt ist es die Bedürfnisse und Herausforderungen an die jeweiligen C-Levels der Abnehmer anzupassen. Die Unternehmensvision der Gesundheits- und Technik AG, dass in jedem Krankenhaus und in jeder Praxis ein Gerät steht und sie die Marktführer in dieser Branche sind, wird durch das Vorhaben das beste und erfolgreichste C-Level Marketing in der Branche zu haben ausgeweitet.

Die Ursache-Wirkungskette beginnt mit der Kommunikationsperspektive. Damit der gesamte Prozess reibungslos abläuft, ist es wichtig das alle Beteiligten umfangreich über den Ist- und Soll-Zustand informiert sind. Nur durch eine lückenlose Weitergabe aller Informationen können Unstimmigkeiten und Missverständnisse vermieden werden. Das zweite Glied in der Kette ist die Lern-und Entwicklungsphase. Jeder beteiligte Mitarbeiter muss ein gewisses Fachwissen mitbringen, welches die Basis der Entwicklung darstellt. Diese Basis kann durch das Arbeiten an dem Projekt und auch an internen und externen Weiterentwicklungen ausgebaut werden und lässt nicht nur eine fachliche, sondern auch persönliche Entwicklung zu. Um die Geschäftsprozessperspektiven weiterzuentwickeln, sollte das Marketingteam optimal besetzt werden. Hierfür ist es zwingend erforderlich ein Anforderungsprofil für die Stellen zu schreiben, welches bei der Sichtung von internen und externen Bewerbern geprüft wird. Der Fokus hierbei sollte auf den Qualifikationen und fachlichen Kompetenzen der Bewerber gelegt werden. Im nächsten Kettenglied stehen die Kunden im Fokus. Die Gesundheits- und Technik AG möchte weiterhin seinen Stellenwert als technologie- und ingenieurorientiertes Unternehmen behalten, gleichzeitig soll das C-Level Marketing auch eine ganzheitliche Lösung liefern. Die ganzheitliche Lösung soll die allgemeine Effizienz in Krankenhäusern und Praxen verbessern. Durch diesen Schritt wird die Kundenperspektive geändert, denn aus der Sicht der Kunden differenziert sich die AG damit von ihren Konkurrenten. Als letzter Punkt in der Kette steht die Finanzperspektive. Durch den Strategiewandel und das schnelle Reagieren auf die veränderten Kaufentscheidungen erhöht die Gesundheits- und Technik AG ihren Marktanteil, was wiederum ein Umsatzwachstum mit sich führt und den Unternehmenserfolg nachhaltig verbessert.

4.2 Festsetzung

Im nächsten Schritt werden die Ziele, Kennzahlen, Vorgaben und Maßnahmen für die oben aufgeführten Perspektiven festgelegt. Für das entsprechende Fallbeispiel der Gesundheits- und Technik AG ergibt folgendes Balanced Scoreboard.

Kommunikationsperspektive

Ziel: umfangreiche und lückenlose Kommunikation zwischen allen Beteiligten

Kennzahl: informierten Mitarbeiter

Vorgabe: hohe Zufriedenheit der beteiligten Mitarbeiter

Maßnahme: Bildung von Teams aus unterschiedlichen Hierarchieebenen mit einer Gleichstellung aller beteiligten Mitarbeiter

Lern- und Entwicklungsperspektive

Ziel: Aus- und Weiterbildung der beteiligten Mitarbeiter

Kennzahl: Freiwillige Mitarbeiter für das Projekt und die erfolgreiche Teilnahme an Weiterbildungsmaßnahmen

Vorgabe: 80 MA

Maßnahme: Aus- und Weiterbildung der Mitarbeiter auf fachlicher und persönlicher Ebene

Geschäftsprozessperspektive

Ziel: Gründung einer neuen übergreifenden Abteilung für das C-Level Marketing

Kennzahl: Anzahl der Mitarbeiter in der Abteilung

Vorgabe: Vollbesetzung

Maßnahme: Gründung der neuen Marketingabteilung mit kompetenten Stellenbesetzungen

Kundenperspektive

Ziel: ganzheitliche Lösungen bieten, um die Effizienz in Krankenhäusern und Praxen zu verbessern

Kennzahl: Kundentreue, Kundenzufriedenheit, Neuanschaffungen

Vorgabe: optimale Kundenzufriedenheit

Maßnahme: Mit dem C-Level Marketing ein Alleinstellungsmerkmal in der Branche schaffen

Finanzperspektive

Ziel: Ausbau des Marktanteils

Kennzahl: Marktanteil

Vorgabe: Erhöhung des Markanteils um 10% auf insgesamt 40%

Maßnahme: Krankenhäusern und Praxen eine ganzheitliche Lösung bieten, um ihre Effizient zu verbessern

5 Unternehmensethik

Das Unternehmen Nestlé wurde 1867 vom Namensgeber Henri Nestlé gegründet. Er selbst wurde 1814 in Frankfurt am Main geboren, machte eine Lehre zum Apotheker und legt den Grundstein für seine Karriere in der Schweiz. Das erste Produkt der Firma war die Säuglingsnahrung Farine Lactée, die damals als Kindermehl verkauft wurde und der Beginn des heutigen Weltkonzern ist.

In den folgenden Aufgaben wird ein öffentlich bekannter Skandal der Firma Nestlé untersucht, mit den Grundsätzen des Unternehmens verglichen und diskutiert.

5.1 Praxisbeispiel

Die Firma Nestlé hat ihren Hauptsitz in der Schweiz, ist in über 190 Ländern der Welt vertreten und verkauft mehr als 2.000 Marken. Immer wieder steht die Unternehmenspolitik von Nestlé in der Kritik, so auch in dem veröffentlichten Beitrag von Orange Handelsblatt im Jahr 2019. Dieser Beitrag befasst sich mit den Kritiken an der Wasserausbeutung, Regenwaldzerstörung, Tierversuchen und Babynahrung. Im Folgenden wird auf den Skandal der Wasserausbeutung genauer eingegangen. Weltweit kauft Nestlé Wasserrechte und hat damit die Erlaubnis Grundwasser abzupumpen. Insgesamt gibt es 95 Produktionsstandorte in 34 Ländern, darunter fallen allein 11 Standorte in Südafrika, dort wo ohnehin eine Wasserknappheit herrscht. Das abgepumpte Grundwasser wird gereinigt und als Tafelwasser unter der Marke „Nestlé Pure Life" für einen Euro pro Flasche verkauft. Nestlé nimmt die Kritik an der Wasserprivatisierung nicht an, auf ihrer Homepage werben sie mit einer Aufzeichnung der Hilfsorganisation Oxfam. Die Organisation bestätigt Nestlé ein gutes Wassermanagement.

Selbst in Europa, in der französischen Stadt Vittel, die gleichzeitig auch Namensgeber der Firma ist, pumpt Nestlé jährlich eine Million Kubikmeter Wasser ab. Diese Menge ist so hoch, dass der Grundwasserspiegel der Stadt jährlich um ca. 30 Zentimeter sinkt und die Ortschaft zunehmend austrocknet. Auch hier weist Nestlé alle Kritiker zurück und macht bis zum Vertragsende weiter.

5.2 Unternehmenswerte

Das Leitbild der Firma Nestle wird auf der unternehmenseigegen Homepage dargestellt und ist in die folgenden Grundsätze aufgeteilt (Nestlé, 2021):

1. **Ernährung, Gesundheit und Wellness**
   „Unser Ziel ist es, die Lebensqualität unserer Kund:innen in aller Welt zu verbessern, indem wir geschmackvolle und gesündere Lebensmittel anbieten und sie zu einem gesunden Lebensstil anregen. Hierfür steht unsere Devise „Good Food, Good Life"." (Nestlé, 2021)

2. **Qualitätssicherung und Produktsicherheit**
   „Der Name Nestlé garantiert Konsument:innen in aller Welt die Sicherheit und die hohe Qualität unserer Produkte." (Nestlé, 2021)

3. **Verbraucherkommunikation**
   „Wir verpflichten uns zu einer verantwortungsvollen, zu verlässlichen Kommunikation, die den Konsumenten eine sichere Wahl ermöglicht und eine gesündere Ernährung fördert. Wir waren zudem die Privatsphäre der Konsument:innen." (Nestlé, 2021)

4. **Menschenrechte**
   „Wir respektieren und fördern in unserer Geschäftätigkeit und über die gesamte Wertschöpfungskette hinweg die Menschenrechte in Übereinstimmung mit den

Leitprinzipien der Vereinten Nationen und den zehn Prinzipien des UN Global Compact." (Nestlé, 2021)

5. **Diversität und Inklusion**

„Bei Nestlé sind Diversität und Inklusion ein wesentlicher Bestandteil der Unternehmenskultur. Wir fördern die Einbeziehung aller Gemeinschaften, Kulturen und Altersgruppen in unsere Belegschaft und versuchen, die Vielfalt des Denkens zu nutzen, um Kreativität und Innovation voranzutreiben." (Nestlé, 2021)

6. **Sicherheit und Gesundheit am Arbeitsplatz**

„Wir setzen uns dafür ein, arbeitsbedingte Unfälle, Verletzungen und Krankheiten zu vermeiden und unsere Mitarbeiter:innen und Auftragnehmer:innen sowie aller an der Wertschöpfungskette beteiligt Personen zu schützen." (Nestlé, 2021)

7. **Verantwortungsvolle Beschaffung**

„Wir setzen uns für die Umsetzung nachhaltiger landwirtschaftlicher Praktiken ein, die zu einer langfristigen Produktionsstabilität beitragen, nachhaltige Lebensgrundlagen schaffen, den CO2-Ausstoss reduzieren, die biologische Vielfalt schützen sowie natürliche Ressourcen erhalten und wiederauffüllen." (Nestlé, 2021)

8. **Kund:innen und Geschäftspartner:innen**

„Wir erwarten von unseren Geschäftspartnern und ihren Mitarbeitenden Ehrlichkeit, Integrität und Fairness sowie die Einhaltung unserer nicht verhandelbaren Standards. Gegenüber unseren Kund:innen handeln wir ebenso." (Nestlé, 2021)

9. **Umweltverträglichkeit**

„Wir verpflichten uns zu umweltverträglichen Geschäftspraktiken in unserer gesamten Wertschöpfungskette. Inspiriert von der Natur setzen wir uns für die Entwicklung einer Kreislaufwirtschaft ein, indem wir recycelbare oder wiederverwendbare Verpackungsmaterialien entwickeln, Lebensmittelverluste und -verschwendung reduzieren und zirkuläre Geschäftsmodelle erkunden." (Nestlé, 2021)

10. **Ethik und Integrität**

„Der Nestlé Code of Business Conduct legt bestimmte, in definierten Bereichen nicht verhandelbare Mindeststandards für das Verhalten unserer Mitarbeitenden fest. Darunter befinden sich: Integrität, Einhaltung von Gesetzen, Interessenkonflikte, Kartellrecht und faires Geschäftsverhalten, Bestechung, Korruption, Diskriminierung und Belästigung sowie korrekte Berichterstattung und Buchführung." (Nestlé, 2021)

11. Datenschutz und ethische Datenmanagement

„Nestlé respektiert die Rechte des Einzelnen in Bezug auf seine persönlichen Daten und erkennt die Privatsphäre als grundlegendes Menschenrecht an. Wir verpflichten uns zum Schutz personenbezogener Daten und der Privatsphäre in unserem globalen Datenschutzprogramm." (Nestlé, 2021)

12. Interne Interaktion und Kommunikation

„Wir fördern ein inspirierendes, innovatives, transparentes und offenes Arbeitsumfeld. Jede:r Mitarbeitende wird in diesem respektiert und hat die Freiheit, sich zu engagieren, betätigen und Beiträge zu leisten, dabei immer mit der Möglichkeit, sich zu äußern." (Nestlé, 2021)

13. Externes Engagement und Interessenvertretung

„Wir verpflichten uns bei der Zusammenarbeit mit Behörden in Bezug auf die Entwicklung und Umsetzung der öffentlichen Ordnung zu transparenten und verantwortungsvollen Interaktionen." (Nestlé, 2021)

14. Überwachung und Berichterstattung

„Die Unternehmensgrundsätze sind mit bestimmten Prinzipien, Richtlinien und Standards verbunden. Unsere CARE- und Internen Prüfer:innen kontrollieren regelmäßig unserer Praktiken anhand dieser Verpflichtungen." (Nestlé, 2021)

5.3 Wertebruch

Betrachtet man die Gesamtheit des Unternehmens Nestlé mit all ihren Marken, so könnte jeder der oben genannten Grundsätze und deren Einhaltung infrage gestellt werden. Da das in Punkt 5.1 aufgeführte Praxisbeispiel jedoch nur das Thema „Wasserausbeutung" behandelt, wird der Wertebruch auf den oben aufgeführten Punkt 4 „Menschenrechte". Zu diesem Punkt tätigte Nestlé 2019 folgende Aussage „Wir bei Nestlé sind der festen Überzeugung, dass der Zugang zu Wasser ein grundlegendes Menschenrecht ist. Jeder Mensch, überall auf der Welt, hat das Recht auf sauberes, sicheres Trinkwasser und sanitäre Einrichtungen." (Stern, 2019). Mit dieser Aussage möchte Nestlé ein positives Image kreieren, welches jedoch schnell verfliegt, sobald der Blick auf die Tätigkeiten des Konzernes in Bezug auf die Wasserherkunft etwas geschärft wird. Nestlé bezieht sein Wasser teilweise aus dem Grundwasser von Ländern in Südafrika, in denen ohnehin eine Wasserknappheit herrscht und die Bevölkerung nicht genügen sauberes Trinkwasser hat. Das aufbereitete Wasser von Nestlé kann gegen Geld erworben werden, auch dieses Geld hat die leidende Bevölkerung nicht. Trotz des Mangels und der Not stellt der Konzern den

Anwohnern kein kostenfreies Wasser zur Verfügung. Stattdessen tätigte der ehemalige Konzern-Chef Peter Brabeck-Lethmathe folgenden Satz, der absolut gegen den Unternehmenswert der Menschenrechte verstößt „Wasser ist kein Menschenrecht" (Stern, 2019). Auch in Punkt 7. „Verantwortungsvolle Beschaffung" erfolgt durch Seiten des Unternehmens ein Wertebruch. Trotz zunehmender Wasserprobleme und sogar eingeführten Wassersparstufen, stoppt das Abpumpen nicht. Dies ist keine verantwortungsvolle Beschaffung, eher wird hier der Fokus weiterhin auf den Anstieg des Umsatzes gelegt.

5.4 Konsequenzen

Die Skandale des Unternehmens in Bezug auf das Thema „Wasser" sind eine Aneinanderreihung von Fehlern die nicht zu den Grundwerten des Unternehmenspassen. Die Konsequenzen sind sowohl für die internen als auch für die externen Stakeholder brisant.

Interne Stakeholder

Im Jahr 2019, nach dem großen Skandal der Wasserbeschaffung und die damit verbundene Knappheit in den betroffenen Ländern, würde das Wassergeschäft bei Nestlé umstrukturiert. Diese Aktion führte dazu, dass der Skandal etwas entschärft, wurde die Wogen geglättet werden konnte. Während dieser Umsetzung verließ, der ehemalige Chef der Abteilung „Wasser", Maurizio Patarnelle die Konzernleitung (Stern, 2019).

Des Weiteren könnte durch diesen Wertebruch ein Identifikationsproblem seitens der Mitarbeiter entstehen. Abhängig von den individuellen Werten jedes einzelnen Mitarbeitern könnten Leitungseinbußen und Kündigungen eine weitere Folge des Skandals sein.

Externe Stakeholder

Nach dem Wertebruch können die Kunden einen Boykott gegenüber dem Unternehmen Nestlé starten, indem sie die Produkte des Konzerns nicht weiter beziehen. Dadurch sinken neben dem Image vor allen Dingen die Umsätze.

Auch die Vertriebspartner des Unternehmens können zu einem Boykott aufrufen, in dem sie die Produkte von Nestlé nicht mehr bestellen und dem entsprechend aus dem Sortiment nehmen. Der Großkonzern Edeka beispielsweise richtete für ein Teil der Filialen ein Bestellstopp ein und nahm 160 Produkte aus dem Sortiment (Orange Handelsblatt, 2019). Auch hier entstanden für Nestlé hohe Umsatzeinbußen und Imageschäden.

6 Literaturverzeichnis

Deutsche Hochschule für Prävention und Gesundheitsmanagement (2021). Einsendeaufgabe Strategische Unternehmensführung II (rev.25.002.000). Saarbrücken: Deutsche Hochschule für Prävention und Gesundheitsmanagement.

Lauer, T. (2019). *Change Management. Grundlagen und Erfolgsfaktoren* (3. Aufl.). Berlin: Springer Gabler.

Nestlé Deutschland AG (2021) *Unsere Grundsätze.* Zugriff am 21.12.2021. Verfügbar unter https://www.nestle.de/unternehmen/grundsaetze/nestle-unternehmensgrundsaetze

Orange Handelsblatt (2019). *Warum Nestlé so unbeliebt ist.* Handelsblatt GmbH. Zugriff am 21.12.2021. Verfügbar unter: https://www.handelsblatt.com/unternehmen/handelkonsumgueter/lebensmittelkonzern-warum-nestle-so-unbeliebt-ist/26287122.html

Schmutte, A. (2017) Fitnessprogramm für Unternehmen: Das Zusammenspiel von Reife grad-Assessments & Lean Six Sigma & Balanced Scorecard. In P. Niermann & A. Schmutte (Hrsg.), *Managemententscheidungen. Methoden, Handlungsempfehlungen, Best Practices* (S. 98). Wiesbaden: Springer Gabler.

Stern (2019). *Läuft nicht bei Nestlé – Konzern muss Wassergeschäft umbauen.* stern.de GmbH. Zugriff am 21.12.2021. Verfügbar unter: https://www.stern.de/wirtschaft/news/nestlé-muss-das-wassergeschaeft-umbauen-8957908.html